Marion Dawidowski

Laubsägearbeiten
für Balkon & Garten

CREATIV COMPACT

CHRISTOPHORUS

Inhalt

- 3 Schönes aus Holz
- 4 Material & Technik

....

- 6 Willkommen!
- 8 Lustige Hühner
- 10 Türschild
- 12 Weiße Schäfchen
- 14 Pflanzenstecker
- 16 Fröhliche Hasen
- 18 Briefkastenräuber
- 20 Kräuter-Wichtel
- 20 Schuhputz-Schwein
- 24 Kantenhocker
- 26 Fichtenzwerg
- 28 Schwarzer Kater
- 30 Schlafwandler

Schönes aus Holz

Originelle und praktische Laubsägearbeiten für Balkon, Garten und Eingangsbereich stelle ich Ihnen in diesem Buch vor. Zum Beispiel kleine Wichtel und weiße Schäfchen als Stecker fürs Blumenbeet oder Türschilder „Bin im Garten" und „Keiner zu Hause" mit Block und Bleistift für Nachrichten. Ein rosa Schwein mit Bürsten hilft beim Schuhe putzen, Katz und Maus verschönern jeden Briefkasten. Im Winter können Sie sich an einem lustigen Zwerg oder einem schwarzen Kater erfreuen, die Futter für die Vögel bereithalten.
Die Motivformen sind leicht nachzuarbeiten: Einfach die Motive aus Sperrholz oder dünnem Holz aussägen und mit wetterfesten Farben bunt bemalen. Ob als ausgefallene Dekoration für Ihr Zuhause oder als besonderes Geschenk – diese liebenswerte Tiere und Figuren kommen bestimmt gut an!

Viel Spaß beim Nacharbeiten und viel Freude an Ihren fertigen Objekten wünscht Ihnen

M. Dawidowski

Material & Technik

Das Holz

Für den Außenbereich wird das härtere, wasserfest verleimte Sperrholz oder Massivholz benötigt. Die meisten Vorschläge in diesem Buch sind aus 6 mm oder 12 mm Buchensperrholz gearbeitet. Ebenso verwendet werden Rundhölzer und Holzleisten.

Die Laubsäge

Zur Grundausstattung der Laubsäge gehören der Laubsägebogen, das Sägetischchen mit Schraubklemme und Sägeblätter. Während sich Stärken von 6 mm noch gut von Hand sägen lassen, ist für dickeres Material eine elektrische Dekupiersäge besser geeignet. Diese gibt es in verschiedenen Ausstattungen in Werkzeugfachgeschäften oder Baumärkten. Die Sägeblätter immer mit den Zacken nach unten und vom Sägebogen wegzeigend einsetzen. Sie werden so gespannt, dass sie bei Gegendruck nur leicht nachgeben.

Tipp

Alle bemalten Modelle nach dem Trocknen noch einmal mit einem wetterfesten Klarlack überziehen.

Die Farben

Um die Modelle im Außenbereich vor Feuchtigkeit zu schützen, werden sie mit Acrylfarben (z. B. von C. Kreul) bemalt. Diese Farben sind mit Wasser verdünnbar und nach dem Trocknen wasserfest.

Weitere Hilfsmittel

Transparentpapier, ein Bleistift, Kohlepapier zum Übertragen der Vorlagen. Schraubzwingen, eine Bohrmaschine, Holzbohrer in verschiedenen Durchmessern (an der Zentrierspitze zu erkennen), Holzdübel, Schmirgelpapier (Körnung 150) und wasserfester Holzleim für die Ausarbeitung der Modelle. Flachpinsel Nr. 12 und feine, spitze Pinsel (Nr. 2 und 6) für die Bemalung. Diese Hilfsmittel werden für alle Modelle benötigt und deshalb in den einzelnen Anleitungen nicht mehr aufgeführt.

Übertragen der Vorlagen

Die Vorlage mit Transparentpapier und Bleistift abpausen. Zeichnung auf das Holz legen, einen Bogen Kohlepapier dazwischen schieben und alle Linien noch einmal nachzeichnen.

Aussägen der Motive

Das Holz mit einer Hand auf dem Sägetischchen festhalten, mit der anderen Hand den Laubsägebogen führen. Die Säge auf und ab bewegen, dabei nur leichten Druck gegen das Holz ausüben. Beim Sägen von spitzen Winkeln oder engen Kurven den Sägespalt auf der Stelle erst etwas breiter sägen, dann das Holz langsam in die neue Richtung drehen, damit das Sägeblatt nicht reißt. Eine weitere Möglichkeit ist das Bohren kleiner Löcher an schwierigen Stellen. Ebenso bei Innenausschnitten vorgehen. Das Sägeblatt durch das gebohrte Loch führen und wieder einspannen. Den Innenausschnitt heraussägen und das Sägeblatt wieder lösen und herausziehen. Bei Dekupiersägen etwas Presspappe unter das Holz legen, dieses franst dann auf der Unterseite weniger aus.

Bohren und schmirgeln

Alle nötigen Bohrungen sind auf dem Vorlagebogen markiert. Kreuze markieren Bohrungen, die von der Fläche durch das Material hindurchgehen. Die mit einem Pfeil gekennzeichneten Bohrungen führen etwa einen Zentimeter seitlich in das Holz. Beim Durchbohren von Holz immer einen Holzrest unterlegen, damit die Rückseite nicht ausfranst. Bei einigen Motiven wird die Bohrung schräg ausgeführt. Den Bohrer zunächst senkrecht aufsetzen und während des Bohrens den Bohrer in die gewünschte Richtung neigen.
Alle Flächen und Kanten mit Schmirgelpapier glätten. Dabei von der Fläche nach außen zur Sägekante hin schmirgeln. Den feinen Staub mit einem feuchten Tuch abwischen.

Die Holzverbindungen

Um Holzteile flächig aufeinander zu setzen, eine Seite dünn und ganzflächig mit Leim bestreichen, das Holzteil platzieren und beide mit Schraubzwingen zusammenpressen. Werden Holzteile mit ihrer Kante auf eine Fläche gesetzt, ist es besser, diese mit Dübeln zu verbinden. Zwei Bohrungen in die Holzkante arbeiten, Markierungshilfen, so genannte „Pins" (in Baumärkten erhältlich) einsetzen und das Teil zur Probe auf der Fläche platzieren. Die Dorne der „Pins" markieren die Stellen für die Gegenbohrungen. Die Dübel mit Leim einsetzen, die Holzkante ebenfalls mit Leim bestreichen.

Willkommen!

Material

Junge
- Massivholz, 18 mm, 29 x 58 cm
- Sperrholz, 6 mm, 6 x 12 cm
- Holzleiste, 1 x 1 cm, 20 cm lang
- Rundholz, 12 mm ⌀, 46 cm
- Rundholz, 8 mm ⌀, 100 cm
- Acrylfarben in Weiß, Goldgelb, Grün, Himmelblau, Enzianblau, Hellbraun, Schwarz
- Wachsmalstift in Rot
- Blumendraht
- 3 Nägel à 1,5 x 15 mm
- Karostoff, 7 x 7 cm
- Sisalkordel
- Bast
- Draht
- Bohrer, 3 und 8 mm ⌀
- Heißkleber

Vorlagen A1, A2

Motivgröße: 61 cm

Anleitung Seite 8, Materialangaben „Mädchen" Seite 8

Lustige Hühner

Material
(für ein Huhn)

- Sperrholz, 12 mm, 15 x 17 cm
- Rundholz, 8 mm Ø, 15 cm lang
- Acrylfarben in Weiß, Goldgelb, Rot, Hellgrau, Schwarz
- Bohrer, 8 mm Ø

Vorlage B

Motivgröße: 13,5 cm

Willkommen!
Abb. S. 6/7

Mädchen
- Sperrholz, 6 mm, 40 x 55 cm
- Acrylfarben in Weiß, Goldgelb, Dunkelrot, Flieder, Hellgrau, Schwarz
- Wachsmalstift in Rot
- Sisalkordel, 90 cm
- 3 Nägel à 1 x 11 mm
- 3 halbe Tontöpfe, 6 cm Ø
- Kunstoff-Margeriten
- Bohrer, 5 mm Ø
- Heißkleber

Vorlagen A3, A4

Motivgröße: 40 cm

Das Huhn aussägen, die Bohrung für das Rundholz vornehmen. Alle Kanten schmirgeln und anschließend entstauben. Das Rundholz in die Bohrung einleimen. Das Huhn mit Acrylfarben bemalen.

Willkommen!
Abbildung & Materialangaben „Junge" Seite 6/7

Den **Jungen** aus Massivholz sägen (Vorlage A1), in Höhe des Pos auf der Rückseite eine 8-mm-Bohrung für den Stützstab schräg einbohren. Von dem 8-mm-Rundholz 36 cm absägen und in die Bohrung leimen. Den Jungen bemalen. Nach dem Trocknen den Stoff an die Hosentasche und zwei Sisalschleifen auf die Schuhe kleben. Für die **Harke** (siehe Skizze, Vorlage A2) in die Holzleiste gleichmäßig verteilt sechs 8-mm-Bohrungen vornehmen und jeweils ein 7 cm langes Stück des 8-mm-Rundholzes einleimen. Das 12-mm-Rundholz als Stiel mit einem Nagel an der Holzleiste befestigen. Zwei 10 cm lange Stücke vom 8-mm-Rundholz an beiden Enden schräg sägen und als Streben an die Harke leimen, mit einem Bastfaden umwickeln. Die Harke mit zwei Nägeln auf dem Rücken des Jungen befestigen. Sperrholz in den oberen Ecken mit dem 3-mm-Bohrer durchbohren, weiß grundieren, beschriften und mit Draht an die Harke hängen.

Nach der Vorlage A3 das **Mädchen**, nach der Vorlage A4 die Zaunlatten aussägen, dazu noch zwei Querlatten, je 3,5 mal 34 cm. Den Zaun zusammensetzen, in die obere Querlatte außen je eine Bohrung arbeiten. Zaun und Mädchen bemalen und den Zaun vor das Mädchen leimen. Mit dem Wachsmalstift etwas Wangenrot aufreiben. Die Sisalkordel durch die Bohrungen ziehen und mit Knoten sichern. Die Tontöpfe mit den Nägeln am Zaun befestigen und mit Blüten füllen.

Türschild

Material

- Sperrholz, 6 mm, 19 x 20 cm
- Acrylfarben in Weiß, Goldgelb, Grün, Dunkelblau, Schwarz
- Blumendraht, verzinkt, 1 mm Ø
- 5 Stiftnägel à 1 x 11 mm
- Bastfaden
- Bohrer, 3 mm Ø
- Seitenschneider
- Spitzzange
- Heißkleber

Vorlagen C1 – C3

Motivgröße: 22 cm

1 Nach den Vorlagen C1 – C3 Rabe, Blume und Schild aussägen. Das Schild an den markierten Stellen durchbohren. Alle Einzelteile mit Acrylfarben bemalen. Den Schriftzug „Bin im Garten" mit Draht nachbiegen.

2 Die Stiftnägel mit dem Seitenschneider kürzen (Schutzbrille tragen!) und die Draht-Wörter damit auf dem Schild befestigen bzw. als I-Punkt verwenden. Das Schild auf den Raben leimen.

3 Ein längeres Stück Draht abschneiden, in der Mitte eine Schlaufe biegen, die Enden einige Male um einen Stift wickeln und am Schild fixieren.

4 Den Bastfaden zu Schlaufen legen und mit der Blume am Draht befestigen.

Weiße Schäfchen

Material

(für ein Schaf)

- Sperrholz, 12 mm, 17 x 21 cm
- Acrylfarben in Weiß, Schwarz
- Struktur-Schnee
- Wachsmalstift in Rot
- Satinband in Rot, 20 cm
- 1 Messingglöckchen, 2 cm Ø
- Messingrohr, 4 mm Ø, 50 cm lang
- Bohrer, 4 mm Ø
- Seitenschneider

Vorlage D

Motivgröße: 20 cm

Anleitung Seite 14

Pflanzenstecker

Material

- Sperrholz, 6 mm, 14 x 19 cm
- Messingrohr, 4 mm ⌀, 20 cm lang
- Acrylfarben in Weiß, Goldgelb, Rot, Hellgrau, Schwarz
- Bohrer, 4 mm ⌀
- Seitenschneider

Vorlage E

Motivgröße: 18 cm

Nach der Vorlage E das Huhn und das Fußteil aussägen und der Vorlage entsprechend zusammenleimen. Die Bohrung für das Messingrohr schräg in das Fußteil auf der Rückseite ausführen. Das Huhn bemalen und das Messingrohr in der Bohrung befestigen.

Weiße Schäfchen
Abbildung & Materialangaben Seite 12/13

1. Nach der Vorlage D Kopf und Körper aus dem Holz aussägen und an den markierten Stellen die Bohrungen ausführen.

2. Das Fell zunächst mit weißer Acrylfarbe malen, anschließend den Struktur-Schnee auftragen. Gesicht malen und das Wangenrot mit einem Wachsmalstift aufreiben.

3. Vom Messingrohr 4 cm für den Hals und zweimal 23 cm für die Beine abtrennen und in den Bohrungen fixieren. Das Glöckchen mit dem Satinband um den Hals binden.

Tipp

Das Schaf wirkt noch plastischer, wenn Sie kleine „Wölkchen" aus 6-mm-Sperrholz vor dem Bemalen aufleimen.

Fröhliche Hasen

Material

- Sperrholz, 6 mm, 30 x 47 cm
- Acrylfarben in Weiß, Orange, Grün, Enzianblau, Hellbraun, Schwarz
- Blumendraht
- Bastfaden
- 1 Stiftnagel, 1 x 11 mm
- Schreibblock, ca. 10,5 x 15 cm
- Stift
- Doppelseitiges Klebeband
- 2 wasserfeste Lackstifte unterschiedlicher Stärke
- Bohrer, 3 mm ⌀
- Seitenschneider

Vorlagen F1 – F3

Motivgröße: 33 cm

1. Nach den Vorlagen F1 – F3 die Einzelteile aussägen, dazu noch zwei Streifen von 1 x 13,5 cm sägen. Die Bohrungen den Vorlagen entsprechend ausführen.

2. Die beiden Streifen aufeinander leimen und als Leiste auf den unteren Rand des Hasenmotivs mit dem linken Rand bündig leimen. Alles schmirgeln und mit Acrylfarben bemalen.

3. Schild und Möhre mit den Stiften beschriften. Vom Blumendraht zwei Spiralen um einen Stift wickeln und damit Schild und Hasenmotiv verbinden.

4. Die Möhre auf die Leiste setzen. Den Block mit Klebeband fixieren und den Stift mit einem Bastfaden am Möhrengrün anbinden.

5. Aus dem Draht noch eine kleine Schlaufe biegen und als Aufhänger auf der Rückseite des oberen Schildes mit dem Nagel befestigen.

Briefkastenräuber

Material

- Sperrholz, 12 mm, 16 x 30 cm (Katze/Käse)
- Sperrholz, 6 mm, 13 x 16 cm (Maus)
- Acrylfarben in Weiß, Beige, Orange, Goldgelb, Hellbraun, Schwarz
- Messingdraht, 0,6 mm Ø
- 1 Nagel, 1 x 11 mm
- Bohrer, 3 mm Ø
- Seitenschneider

Vorlagen G1 – G3

Motivgröße: 42 cm

1 Die Katze und den Käse aus dem 12-mm-Sperrholz sägen (Vorlagen G1 und G3), die Maus aus dem 6-mm-Sperrholz (Vorlage G2). Den Käse an der Spitze durchbohren. Alle Teile schmirgeln und bemalen.

2 Mit dem Nagel die Löcher für die Barthaare der Katze einschlagen und etwa 4 cm lange Stücke vom Draht einkleben.

3 Die Maus mit dem Nagel am Schwanz der Katze befestigen. Das Käsestück auf ein Stück Draht fädeln und am Fuß der Maus fixieren.

Kräuter-Wichtel
Abbildung & Materialangaben Seite 20/21

Nach den Vorlagen H1 und H2 die Wichtel aussägen und an den markierten Stellen für den Stab jeweils ein Loch bohren. Alle Kanten mit Schmirgelpapier glätten. Mit Acrylfarben bemalen und mit Klarlack überziehen. Nach dem Trocknen die Namen für die Kräuter jeweils mit dem Pluster-Pen aufmalen. Das Messingrohr mit einem Seitenschneider in zwei 15 cm lange Stücke teilen, mit Heißkleber in den Bohrungen befestigen.

Kräuter-Wichtel

Material
(für zwei Wichtel)

- Sperrholz, 6 mm, 17 x 20 cm
- Messingrohr, 3 mm ⌀, 30 cm lang
- Acrylfarben in Gelb, Grün, Flieder, Violett, Schwarz
- Pluster-Pen in Gelb, Grün
- Bohrer, 3 mm ⌀
- Seitenschneider
- Heißkleber

Vorlagen H1, H2

Motivgröße: 16 cm je Wichtel

Anleitung Seite 18

Schuhputz-Schwein

Material

- Sperrholz, 12 mm, 40 x 40 cm
- Sperrholz, 6 mm, 15 x 16 cm
- Rundholz, 12 mm Ø
- 1 Holzkugel, 45 mm Ø
- 8 Holzdübel à 8 mm Ø
- Acrylfarben in Weiß, Antique, Rosè, Hellgrau, Hellbraun, Schwarz
- Blumendraht
- „Pins" (Markierungshilfen)
- 2 Schrubberbürsten
- Bohrer, 3 mm Ø, 8 mm Ø, 12 mm Ø
- Seitenschneider

Vorlagen J1 – J5

Motivgröße: 44 cm

1. Körperteile (Vorlagen J1 und J2), Arme (Vorlage J3) und Grundplatte (Vorlage J4) aus 12-mm-Holz sägen, die Nase (Vorlage J1) und Pfoten (Vorlage J5) aus 6-mm-Holz.

2. Bohrungen für die Arme mit dem 3-mm-Bohrer ausführen, die übrigen Bohrungen für die Dübel mit dem 8-mm-Bohrer. Alle Teile schmirgeln und bemalen.

3. Die Bohrungen mit Hilfe von „Pins" auf einen Schrubber übertragen, um diesen zwischen die Körperteile setzen zu können. Ebenso den Körper und den zweiten Schrubber auf der Bodenplatte fixieren.

4. Am Rücken des Schweinchens in den Schrubber eine schräge Bohrung von 12 mm Durchmesser arbeiten, das Rundholz einsetzen. Das andere Ende des Rundholzes anspitzen und eine Holzkugel aufleimen.

5. Das Nasenteil mit Leim fixieren. Die Füße vor die Bodenplatte leimen. Die Arme mit Draht am Körper befestigen.

Kantenhocker

Material

- Sperrholz, 12 mm, 14 x 32 cm
- Sperrholz, 6 mm, 12 x 24 cm
- Acrylfarben in Weiß, Altrosa, Blau, Schwarz
- Blumendraht
- 4 Bastfäden
- Bohrer, 3 mm ⌀
- Seitenschneider
- Heißkleber

Vorlagen K1 – K3

Motivgröße: 32 cm

1. Den Körper und das Beinteil (Vorlage K1) sowie zwei Stücke von 1,5 x 2,5 cm aus dem 12-mm-Sperrholz sägen. Nasenteil (Vorlage K1), Arme (Vorlage K2) und die Milchkanne (Vorlage K3) aus dem 6-mm-Sperrholz arbeiten.

2. Bohrungen der Vorlage entsprechend in Körper und Arme ausführen, zusätzlich eine Pfote durchbohren. Alle Einzelteile bemalen, die zwei kleinen Holzstücke mit weißer Farbe.

3. Die kleinen Holzstücke als Abstand zwischen Körper und Beine leimen. Das Nasenteil ebenfalls aufleimen. Die Arme mit Draht am Körper befestigen. Ebenso die Milchkanne an einem Arm fixieren.

4. Den Bast mehrfach zusammenlegen und mit Heißkleber unter dem Po festmachen. Die Kuh mit doppelseitigem Klebeband oder Dübeln auf ihrem Platz fixieren.

Fichtenzwerg

Material

- Sperrholz, 12 mm, 20 x 37 cm
- Sperrholz, 6 mm, 16 x 22 cm
- Rundholz, 8 mm Ø, 30 cm
- Acrylfarben in Weiß, Goldgelb, Himmelblau, Enzianblau, Hellbraun, Schwarz
- Wachsmalstift in Rot
- Alu-Blech, 0,5 mm, 12 x 14 cm
- 5 Stiftnägel à 1 x 11 mm
- Satinband in Grün, 34 cm
- 3 Fichtenzapfen
- Vogelfutter
- Bohrer, 8 mm Ø
- Raspel
- Heißkleber

Vorlagen L1 – L4

Motivgröße: 36 cm

1 Hand (Vorlage L1) und Mützenkrempe (Vorlage L2) aus 6-mm-Sperrholz sägen, Zwerg (Vorlage L3) und Zipfelmütze (Vorlage L4) aus 12-mm-Sperrholz. In die Fußsohlen des Zwerges an den markierten Stellen Löcher für die Rundhölzer vorbohren.

2 Die obere Kante am Kopf mit der Raspel oder an einer Schleifscheibe (gerade Kante) nach hinten abschrägen, die Kante der Zipfelmütze zur Vorderseite anschrägen.

3 Alle Teile mit Acrylfarben bemalen. Die Mützenkrempe mit Leim und Stiftnägeln auf dem Kopf befestigen, die Zipfelmütze mit Leim darauf platzieren.

4 Das Blech nach der Vorlage L5 zuschneiden, Kanten hochbiegen, Rand an drei Seiten umbörteln und die vierte Seite mit Stiftnägeln am Körper befestigen.

5 Satinband um den Hals legen und die Enden mit Knoten in den Ecken der Blechschale fixieren. Die Hand aufleimen. Das Rundholz in der Mitte durchsägen und in die Bohrungen einleimen. Zapfen auf die Hutkrampe kleben.

Schwarzer Kater

Material

- Sperrholz, 12 mm, 18 x 37 cm
- Sperrholz, 6 mm, 10 x 10 cm
- Acrylfarben in Weiß, Antique, Rosé, Schwarz
- 2 Ringschrauben à 3 x 8 mm
- 1 Schaschlikspieß
- Vogelfutter
- Bohrer, 3 mm ⌀, 4 mm ⌀

Vorlage M

Motivgröße: 36 cm

1. Den Kopf aus 6-mm-Sperrholz, den Körper aus 12-mm-Sperrholz (Vorlage M) sägen.

2. Die Vorderpfoten mit dem 4-mm-Bohrer ganz durchbohren, die hinteren Pfoten mit dem 3-mm-Bohrer 5 mm tief anbohren.

3. Körper und Kopf mit Acrylfarben bemalen. Den Kopf mit Leim auf dem Körper platzieren.

4. Die Ringschrauben an den hinteren Pfoten eindrehen, durch die Vorderpfoten den Schaschlikspieß stecken.

Schlafwandler

Material

- Sperrholz, 12 mm, 17 x 25 cm
- Acrylfarben in Weiß, Goldgelb, Enzianblau, Schwarz
- Alu-Draht, 2 mm Ø
- Alu-Blech, 0,5 mm, 7 x 7 cm
- 1 Teelichtglas
- 1 Teelicht
- Seitenschneider

Vorlage N

Motivgröße: 24 cm

1. Nach der Vorlage N den Schlafwandler aussägen. Mit Acrylfarben bemalen.

2. Mit dem Draht einen Ring um das Teelichtglas biegen, die Enden zusammendrehen. Ein weiteres Stück Draht zu einem Bügel mit Schlaufe formen und die Enden an dem Ring befestigen.

3. Aus dem Alublech einen Kreis von 6 cm Durchmesser schneiden und einmal bis zur Mitte einschneiden. Den Blechkreis als Hitzeschutz unterhalb der Schlaufe über den Bügel schieben.

4. Den Schlafwandler am ausgewählten Platz mit doppelseitigem Klebeband oder Dübeln befestigen.

Impressum

Weitere Titel aus dieser Reihe

© 2003
Christophorus Verlag GmbH
Freiburg im Breisgau
Alle Rechte vorbehalten –
Printed in Germany
ISBN 3-419-56512-7

2. Auflage

Jede gewerbliche Nutzung der Arbeiten und Entwürfe ist nur mit Genehmigung der Urheberin und des Verlages gestattet. Bei Anwendung im Unterricht und in Kursen ist auf diesen Band der Reihe Creativ Compact hinzuweisen.

Lektorat:
Gisa Windhüfel, Freiburg

Styling und Fotos:
Roland Krieg, Waldkirch

Layoutentwurf:
Network!, München

Gesamtproduktion:
smp, Freiburg

Satz:
Gisa Bonfig, Freiburg

Druck:
Freiburger Graphische Betriebe

Wir sind für Sie da, wenn Sie Fragen haben.
Und wir interessieren uns für Ihre eigenen Ideen und Anregungen.
Schreiben Sie uns, wir hören gern von Ihnen!
Ihr Christophorus-Team

Christophorus-Verlag GmbH
Hermann-Herder-Str. 4
79104 Freiburg
Tel.: 0761/2717-0
Fax: 0761/2717-352
e-mail:
info@christophorus-verlag.de

www.christophorus-verlag.de

3-419-56365-5

3-419-56249-7

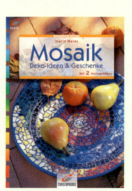
3-419-56405-8

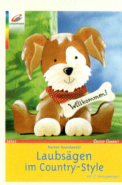
3-419-56541-0

3-419-56288-8

3-419-56363-9